Lib 1157.

ORGANISATION DU TRAVAIL.

CRÉDIT FONCIER,
AGRICOLE ET INDUSTRIEL.

SOCIÉTÉ UNIVERSELLE OU COMMANDITAIRE.

RECOUVREMENTS PAR L'ÉTAT.

ASSURANCES GÉNÉRALES TERRESTRES ET SUR LA VIE.

ÉDUCATION POPULAIRE.

PAR

F. DUMONS (DE LA GIRONDE).

L'existence de la République tient aux bienfaits dont elle dotera le pays. (Page 11).

« Dépouillé de ses anciens prestiges, le Pouvoir, pour être fort, a besoin d'être bienfaisant. De grandes institutions sociales, destinées à étendre le bien-être dans tous les rangs, appellent sa sollicitude. Là est la nécessité la plus urgente. » (JOURNAL GÉNÉRAL DE FRANCE. — Mai 1839.)

BORDEAUX,
Imprimerie de P. FAYE, fossés de l'Intendance, 15.

1848.

AUTRES OUVRAGES

De F. DUMONS (de la Gironde)

Examen critique du siècle et Plan d'améliorations sociales, dédié au *Roi* et au *Peuple*. Ouvrage renvoyé par le Roi au Ministre de l'Intérieur, et accueilli par l'Académie des sciences, belles-lettres et arts de Bordeaux, et la Société industrielle de Mulhouse. — *Paris*, février 1839.

De l'Organisation du crédit foncier, et de la Mobilisation de la dette hypothécaire. Travail adressé au Ministre des Finances et aux Chambres, où il été l'objet de rapport. — *Paris*, mai-juin 1839.

De la Création et de la Transmission des offices. Travail accueilli par le Ministre de la Justice. — *Paris*, septembre 1839.

Des Causes de la Décadence de Bordeaux et des moyens de lui rendre sa prospérité. Ouvrage présenté à l'Académie de Bordeaux et à la Société industrielle de Mulhouse. — *Bordeaux*, juin 1840.

De l'Association et des Sociétés par actions et autres. *Bordeaux*, juillet 1840.

Un mot à propos de la Question d'Orient sur le devoir de la France et l'avenir de l'Europe, et lettre au Roi. — *Bordeaux*, août 1840.

De la liberté professionnelle et de l'abolition de la vénalité des offices et des privilèges. — *Paris*, 1841.

De l'Administration des théâtres de Bordeaux. — *Bordeaux*, 1842.

Protestation contre une décision de M. le Ministre de l'Instruction publique, prise en conseil royal, au sujet d'une demande tendant à ouvrir, à Bordeaux, un **cours public et gratuit d'économie politique et industrielle pratique**, et appel de cette décision du Ministre et du Conseil Royal dans l'erreur, au Ministre et au Conseil Royal mieux informés. — *Paris*, 1842.

De l'alignement des rues et des maisons soumises à cet alignement. — *Bordeaux*, 1844.

Observations sur le **régime cellulaire**, et la prison cellulaire de Bordeaux, soumises au Conseil général du département de la Gironde. — *Bordeaux*, septembre 1846.

DE L'ORGANISATION DU TRAVAIL.

Il existait au Collège de France, à Paris, une chaire d'économie politique.

Le ministre de l'instruction publique a supprimé cette chaire.

A ce sujet la société des économistes, de Paris, a présenté une adresse au gouvernement provisoire.

En répondant à cette adresse, M. Lamartine s'est exprimé ainsi :

« Entre les théories qui se présentent pour atteindre ce but, il y en a de fausses, il y en a de douteuses, il y en a de vraies ; c'est à vous de précéder le Gouvernement pour l'éclairer dans le choix des moyens pratiques d'*exciter le travail* et d'*élever la condition des masses*, sans diminuer l'aisance des industriels, des propriétaires, attenter surtout à la liberté des capitaux, qui disparaissent aussitôt qu'on menace leur indépendance.

« Concilier la propriété, ce fondement de la famille, cette source de la population, cette émulation de l'agriculture, avec la liberté du travail, l'accroissement des salaires, voilà le problème ; tout autre est mal posé ; c'est une subversion au lieu d'une amélioration. La République n'est pas née pour détruire, mais pour améliorer les conditions du travail et de la propriété. »

Les faits ont déjà justifié les paroles de M. Lamartine, si ces paroles n'étaient pas au contraire elles-mêmes la constatation de ces faits ; car, dans beaucoup d'industries, les ouvriers se sont coalisés et ont imposé des conditions aux maîtres. Ce sont aujourd'hui les ouvriers qui font la loi aux maîtres ; précédemment, c'était le contraire : il y a donc subversion et non amélioration.

Nous nous sommes constamment élevé contre cette injuste disposition de loi, non encore abrogée de droit, qui interdisait aux ouvriers toute coalition ayant pour but de faire augmenter les salaires, alors que les maîtres se coalisaient au préjudice des ouvriers, la loi et le droit devant être les mêmes pour les uns comme pour les autres.

Mais ces coalitions, qu'elles procèdent des maîtres ou des ouvriers, quelque légitimes qu'en puissent être et la cause et le but, nous semblent un mauvais moyen, propre à entretenir la désunion, l'éloignement qui existent entre le maître et l'ouvrier, entre le capitaliste et le travailleur, par suite de la division, de l'opposition de leurs intérêts respectifs.

Et l'augmentation de salaire, en même temps que la réduction du travail, suggérées aux ouvriers, proclamées en principe par M. Louis Blanc, et déjà mises en pratique, sont loin d'améliorer réellement le sort des travailleurs en général, et encore moins d'amener le rapprochement des maîtres et des ouvriers, des capitalistes et des travailleurs, et la conciliation des intérêts bien compris et des prétentions légitimes des uns et des autres.

L'augmentation du salaire et la diminution du travail doivent effectivement avoir pour effet nécessaire d'augmenter le prix de revient des objets de consommation, et, par suite, de diminuer cette consommation.

A moins que les maîtres et les capitalistes ne renoncent à une partie de leurs bénéfices, ce qu'ils ne peuvent faire pour la plupart sans compromettre leurs intérêts, les bénéfices étant déjà minimes, surtout relativement aux chances que présentent aujourd'hui le commerce et l'industrie, ainsi qu'aux tribulations de toutes sortes qui assiègent incessamment les chefs d'établissements, chances et tribulations dont les travailleurs sont heureusement exempts.

Or, si la consommation diminue par suite de l'élévation du prix, le travail se restreint et un grand nombre de travailleurs se trouve sans ouvrage et sans pain. — Les faits le prouvent : n'y a-t-il pas à Bordeaux, où nous écrivons, comme à Paris et partout, une foule innombrable d'écrivains, d'artistes, d'employés, de commis, d'ouvriers de tous genres, hommes et femmes, sans travail et sans ressources, exposés à toutes les tentations de la faim, et cela faute d'ouvrage ?

Et puis, l'augmentation de salaire, tout en améliorant le sort matériel du travailleur occupé, ne détruit ni cette espèce d'infériorité, cette dépendance, cette existence évidemment précaire qui sont la conséquence de sa position de simple ouvrier salarié, qu'on peut renvoyer à volonté, ni le défaut de lien entre le maître et l'ouvrier, ni enfin l'opposition de leurs intérêts respectifs.

Il faut donc trouver une combinaison qui, sans préjudicier aux maîtres et aux capitalistes, sans nuire aux consommateurs par l'élévation du prix des objets de consommation, améliore le sort des travailleurs et les affranchisse de leur état de servitude et d'infériorité, en les élevant à la condition d'associés, au moyen d'une participation équitable aux bénéfices que leur travail concourt à produire.

Voici le système, fort simple, que nous avons imaginé depuis longtemps et exposé dans une brochure publiée à Paris, en février 1839, sous le titre : *Examen critique du siècle et plan d'améliorations sociales ;* — système que l'on commence à mettre *isolément* en pratique (*).

(*) La compagnie du Chemin de Fer du nord et le journal *la Presse*, viennent d'adopter ce système. Voir les *Petites-Affiches de la Gironde* du 9 avril dernier.

La *Démocratie pacifique*, organe du *fouriérisme*, vient de modifier dans le sens de notre système *d'association libre et volontaire, au moyen de la participation aux bénéfices du capital, du talent et du travail,* la devise inscrite en tête de ce journal ; modification qui dit assez que l'école adopte enfin ce mode d'association repoussé par elle, de même que par Louis Blanc, en 1839, comme n'étant pas assez radical et qu'elle accusait de tendre à la féodalité industrielle (accusation qui n'était, du reste, fondée ni quant au fond, ni quant à la forme). — Ainsi, nos idées pratiques, qu'on ne trouvait pas assez avancées en 1839, et dont l'application aurait empêché une révolution, sont acceptées comme un progrès suffisant en 1848, après cette révolution, que nous avions prédite à Louis-Philippe lui même et à ses ministres, en 1839 et depuis, en les sollicitant de réaliser au plus tôt les améliorations réelles indiquées en partie dans le présent écrit, améliorations que réclame impérieusement l'état moral et matériel du pays.

Les éléments divers qui concourent à la production sont : — 1° Le *Capital*, c'est-à-dire l'argent, les matériaux, les outils, etc.; — 2° Le *Talent*, c'est-à-dire l'intelligence qui conçoit, qui organise, qui dirige; — 3° Le *Travail*, c'est-à-dire l'ouvrier, le manœuvre, le commis, l'employé, en un mot, les agents qui exécutent.

L'union et l'utilisation de ces trois éléments produisent un résultat qui se traduit en argent et qu'on appelle bénéfice.

Sur ce produit, on prélève pour chacun de ces éléments un *minimum* de rétribution, qu'on appelle intérêt, pour le capital; traitement, appointement ou salaire pour le talent et le travail.

Et ce minimum prélevé, s'il reste un bénéfice excédant, qu'on appelle *bénéfice net*, on le partage dans de justes proportions, c'est-à-dire relativement à l'importance, au rôle et à l'utilité de chacun des éléments qui ont concouru à produire cet excédant.

Or, au moyen d'une société commanditaire, que nous appelons *société universelle*, on arrivait à remplacer les petites industries qui sont maintenant éparpillées, sans consistance, sans force, et qui ne peuvent vivre qu'en exploitant le travailleur, en rançonnant le consommateur ignorant et crédule, par des entreprises établies d'après notre système sur une vaste échelle et dans des conditions d'harmonie, d'économie et de puissance extrêmement favorables à tout le monde, c'est-à-dire aux producteurs (capital, talent et travail) et aux consommateurs, ainsi qu'à l'agriculture, au commerce et à l'industrie en général.

D'où il suit évidemment : — que la classe des travailleurs, arrivant ainsi à être intéressée dans toutes les entreprises, son sort matériel se trouvait amélioré, en même temps qu'elle était moralement affranchie, élevée, anoblie, — et que l'union et la conciliation des intérêts et des individus se trouvait, par ce moyen, réalisée, — et cela librement, pacifiquement, sans violence, sans choc, sans secousse, sans perturbation, sans révolution.

DU CRÉDIT-FONCIER.

La propriété foncière est grevée d'une dette d'environ 14 milliards. Cette dette est comme une lèpre qui ronge la propriété. Les prêts hypothécaires sont entourés de formalités ruineuses. L'intérêt et les frais forment un total qui varie de 8 à 60 p. 0|0 du capital prêté. Aussi, généralement parlant, l'emprunt est le commencement de la ruine du propriétaire (1).

---

(1) L'administration de l'enregistrement a évalué la propriété foncière du royaume à 39,514,975,000 fr., et son revenu à 1,580,597,000 fr., ce qui porte ce revenu à un peu plus de 4 p. 0|0. Elle est grevée de 4,987,862 inscriptions hypothécaires représentant un capital de 11,239,265,778 fr. L'intérêt hypothécaire s'élève annuellement à 561,533,288 fr. — Ainsi, la dette hypothécaire absorbe annuellement à peu près le tiers de la valeur

D'un autre côté, si les capitalistes répugnent à placer leur argent par hypothèque, quoique ce mode de placement leur offre plus de garantie qu'aucun autre, c'est que, le plus souvent, le capital ainsi prêté se trouve aliéné pour long-temps, les intérêts sont rarement payés avec exactitude, et le recouvrement présente de nombreuses difficultés et des longueurs sans fin capables, en vérité, de dégouter les prêteurs. — Aussi l'agriculture se trouve-t-elle privée des capitaux dont elle a tant besoin, et les prêts hypothécaires deviennent-ils chaque jour plus difficiles.

Le seul remède à ce triste état de choses a été signalé depuis long-temps. Dès 1823, M. de Villèle, dont l'opinion fait ici autorité, proclamait à la tribune la nécessité d'une vaste institution de crédit-foncier. Depuis lors, cette question a été souvent portée à la tribune, agitée au sein d'assemblées diverses et discutée dans la presse.

Mais tout s'est borné là; car, d'une part, les tentatives, assez et même trop nombreuses, faites à Paris, il y a quelques années, ont été malheureuses et devaient avoir ce résultat, parce qu'elles manquaient des conditions essentielles à toute entreprise sérieuse et utile; — et d'autre part, les institutions isolées qui se sont établies par-ci par-là, sont des opérations qui ont pour principal mobile l'intérêt privé des fondateurs plutôt que l'intérêt de l'agriculture.

Ces entreprises, en effet, fondées avec des capitaux fournis par des actionnaires, doivent, avant tout, procurer à ceux-ci des bénéfices supérieurs à l'intérêt ordinaire, sans quoi ces capitaux ne seraient pas fournis; d'où il suit évidemment que les conditions offertes ne peuvent guère être meilleures, si elles ne sont pas pires, que celles des prêts ordinaires.

Pour qu'une institution de crédit foncier soit réellement profitable à la propriété foncière, il faut qu'elle soit combinée de façon,

---

du sol, et l'intérêt, un peu plus du tiers du revenu. Il est donc impossible que la propriété foncière s'affranchisse de la dette hypothécaire qui la ronge, tant qu'on exigera d'elle un intérêt supérieur à son revenu, et qu'on lui fera supporter les frais énormes et les conditions ruineuses des prêts actuels, que ces prêts soient faits par des particuliers ou par les compagnies actuellement existantes ou qui se fondent au moyen d'actionnaires. — Depuis le relevé fait par l'administration, la dette foncière s'est accrue, et atteint aujourd'hui le chiffre énorme d'environ 14 milliards.

N. B. Le *National de la Gironde* annonçait, il y a quelques jours, comme le tenant de *bonne source*, que le Gouvernement provisoire avait l'intention bien arrêtée de venir au secours de l'agriculture et de l'INDUSTRIE, en créant à Paris, avec succursales dans tous les chefs-lieux de départements, une caisse hypothécaire au capital d'UN MILLIARD, pour prêter directement aux propriétaires, à l'intérêt de 4 p. 0|0. — Certains prétendent que la dette hypothécaire roulante, exigible, n'est que de 5 à 6 milliards. Mais en admettant cela, comment le Gouvernement pourra-t-il avec un milliard en prêter 5 à 6?... Jésus a multiplié des pains; le Gouvernement multipliera sans doute des pièces de cent sous? Ne nous a-t-il pas déjà habitués aux miracles, et son génie n'est-il pas supérieur à toutes les difficultés?

soit à attirer à elle, sans sacrifice, les capitaux inoccupés, en leur offrant sécurité suffisante et réalisation facile et prompte, soit à donner en même temps aux propriétaires-emprunteurs un délai et des facilités en rapport avec les ressources du sol. — Une institution pareille serait, sans contredit, — « *un des services les plus signalés qu'on puisse rendre à la société française* (2). »

En mai 1839, nous avons soumis au ministre des finances et aux chambres un projet de banque foncière qui a été l'objet d'un rapport inséré au *Moniteur* et dont voici le mécanisme.

La Banque foncière ouvre au propriétaire un crédit, garanti par hypothèque, jusqu'à concurrence duquel le propriétaire prend et remet successivement, à la Banque, les sommes dont il a besoin ou dont il peut disposer, si minimes qu'elles soient. Un compte-courant et d'intérêts lui est ouvert.

Il paie l'intérêt à raison de 4 p. 0|0 : il paie en outre 1|4 p. 0|0 pour frais d'administration.

Il peut affranchir sa propriété à sa volonté, en soldant son compte.

La Banque émet des *billets de banque fonciers* payables au porteur, dans toute l'étendue de la France, et productifs d'intérêts à raison de 4 p. 0|0 par an, payables par semestres.

Entre autres avantages, ce système offre évidemment ceux-ci :

POUR LE PROPRIÉTAIRE :

I. Ayant la faculté de prendre de l'argent à mesure et en proportion de ses besoins, il ne conserve jamais chez lui la moindre somme inutile. Lorsqu'il reçoit le prix de la vente de ses produits, il verse aussitôt ce prix à la banque, qui devient pour lui la meilleure de toutes les caisses et combinaisons d'épargnes.

2. Ne conservant jamais dans ses mains de l'argent dont il n'a pas l'emploi immédiat, — il ne dépense pas son argent inutilement (rien n'invite à la dépense comme la possession de l'argent.)—Il ne paie pas d'intérêts pour de l'argent qui ne lui rapporte rien.

3. Plus de frais, pour ainsi dire, — et intérêt en rapport avec le revenu du sol. — Il suffira dès-lors que par des améliorations agricoles, rendues faciles au moyen des capitaux, on obtienne un revenu supérieur à l'intérêt payé pour qu'on arrive insensiblement à se libérer.

Tout autre système, obligeant le propriétaire-foncier à payer un intérêt supérieur aux revenus du sol, et une somme déterminée, à époque fixe, ne répond pas aux ressources de la propriété foncière : c'est un piège au fond duquel se trouvent l'expropriation et la ruine du propriétaire : l'expérience est là qui le prouve sans réplique.

POUR LE CAPITALISTE, placement par excellence, offrant :

Sécurité parfaite évidemment à l'abri de toute commotion, les *billets de banque fonciers* reposant sur un gage indestructible, le plus certain de tous : le sol, au lieu de ces valeurs mobilières, plus

---

(2) MICHEL CHEVALIER. — Cours d'économie politique.

ou moins éventuelles, qui servent de garantie aux billets de banque ordinaires et autres valeurs de crédit.

Réalisation et transport faciles, immédiats, sans frais ni sacrifices.

Revenu régulier et certain.

Pas d'embarras d'examen, pas de formalités à remplir et de précautions à prendre, pas de poursuites à exercer.

Par conséquent, les billets de banque fonciers seront recherchés par tous les capitaux petits et gros. L'argent affluera à la Banque.

POUR LA SOCIÉTÉ ENTIÈRE :

Valeur nouvelle réunissant tous les avantages du crédit commercial, du crédit public, du prêt hypothécaire, du billet de banque actuel et du numéraire, sans avoir aucun des inconvéniens de ces divers modes.

Plus de capital improductif, comme avec les billets de Banque ordinaires et le numéraire : ces billets disparaîtront de la circulation et le numéraire ne sera plus utilisé que comme appoint ou pour les dépenses journalières minimes.

Capital énorme rendu à la circulation et offrant ainsi à l'agriculture, au commerce et à l'industrie de puissans moyens d'action qui favoriseront au plus haut degré leur développement et leur prospérité.

Nous passons sous silence une foule d'autres avantages que nos lecteurs comprendront de reste et qui se trouvent énumérés dans notre projet soumis aux chambres, dont nous extrayons seulement les passages suivans :

« En établissant parmi les diverses branches de la fortune nationale l'ordre et l'union qui doivent régner entre elles pour le plus grand avantage de l'intérêt particulier de chacune et dans l'intérêt général, on prévient les perturbations et on asseoit sur des bases solides et durables la richesse et la prospérité de la nation. »

» En initiant les habitans de la campagne, par la civilisation, à la vie *sociale* et aux jouissances d'une existence plus large et plus douce, qui se trouve trop concentrée dans les villes, et en leur procurant, par l'augmentation de la richesse territoriale, les moyens de prendre part à ces jouissances, on multiplie les consommateurs, on augmente la consommation et on facilite ainsi l'écoulement rapide, immédiat et avantageux des produits de l'industrie, et, par suite, de ceux du sol, car la consommation de ces deux sortes de produits est toujours relative (1) ; et en déterminant de cette manière la diminution sensible des prix des objets de consommation et surtout de ceux de première nécessité, on facilite au peuple des

---

(1) « Si le paysan a de l'argent il achète au marchand, le marchand achète au fabricant, le fabricant achète au producteur de la matière et fait travailler l'ouvrier, et l'ouvrier qui travaille consomme davantage. Ainsi tout part du sol et revient au sol ; le sol est donc la base de toute la richesse. Développez la richesse territoriale, vous aurez immédiatement 25 millions de consommateurs pour les produits de l'industrie. »

villes, comme à celui de la campagne, les moyens de se procurer les choses nécessaires à leurs besoins, on procure la participation naturelle de tous à l'augmentation de la richesse générale, et on assure le bien-être des masses. »

» En initiant le peuple à la vie *sociale* par les satisfactions matérielles, en même temps que par les jouissances intellectuelles et morales, on fait comprendre à l'homme sa dignité et sa valeur, et on fait naître en lui, avec l'amour de la vie, le respect pour le bien-être d'autrui, le respect surtout de la vie humaine, et l'amour du travail, de la paix, de l'ordre et de la vraie liberté.

» Enfin, par tous ces moyens, on assure la tranquillité, on augmente et on consolide la grandeur et la puissance de la France, on lui assure à jamais le premier rang dans le monde » (1).

Voici du reste comment le *Journal général de France* (14 juin 1839), appréciait notre projet:

» Nous disions, le mois dernier, dans ce journal :

» Dépouillé de ses anciens prestiges, le pouvoir pour être fort, a
» besoin d'être bienfaisant. De grandes institutions sociales, des-
» tinées à étendre le bien-être dans tous les rangs, appellent sa
» sollicitude. Là est la nécessité la plus urgente. »

» M. le duc Decazes et M. Ducos, député de la Gironde, ont déposé, il y a peu de jours aux deux chambres une pétition de M. Dumons *(de la Gironde)*, qui paraît destinée à accomplir le vœu que nous exprimions. »

» Le pétitionnaire demande au Gouvernement son aide et son autorisation pour fonder, sous le nom de *Banque foncière de France*, une grande institution de crédit qui permette d'améliorer l'industrie agricole, rongée par les créances hypothécaires.

» Aucune proposition ne mérite assurément autant que celle-ci d'être prise en considération par M. le Ministre des finances. Cette Banque serait, en effet, la plus grande institution sociale dont on puisse doter la France, et sa fondation de la plus urgente nécessité. »

Cette *banque foncière* ; une *banque agricole et industrielle* destinée à fournir des ressources à l'agriculture et à l'industrie, et à faciliter l'écoulement avantageux de leurs produits ; — une *société d'assurances générales terrestres*, au moyen de laquelle les revenus fonciers, assurés contre tous les cas fortuits, deviennent à-peu-près fixes et certains ; l'Etat se trouve délivré des secours considérables qu'il est obligé d'accorder chaque année, par suite d'inondations, grêles, etc. ; le recouvrement des impôts devient facile et sûr ; les non-valeurs disparaissent en grande partie ; les impôts eux-mêmes augmentent par une répartition plus équitable et plus rationnelle ; l'Etat obtient des ressources immenses qui lui permettraient de supprimer beaucoup d'impôts, ceux surtout grevant les classes peu aisées ; — enfin, une *société universelle* destinée à

---

(1) « Le premier élément de la puissance des nations modernes, c'est la richesse. » (*Siècle*, 20 juin 1839).

propager et à régulariser l'esprit et le système d'association, composent, avec quelques autres institutions complémentaires, un plan d'améliorations sociales que nous avons communiqué, en 1837, au Ministre de l'agriculture, du commerce et des travaux publics, et que nous avons publié à Paris, en février 1839, sous ce titre : *Examen critique du siècle et plan d'améliorations sociales.*

Banque foncière. — Banque agricole et industrielle. — Assurances générales terrestres. — Société universelle ou commanditaire. — Éducation populaire.

Bordeaux, 26 avril 1848.

F. Dumons (de la Gironde), directeur des *Petites affiches de la Gironde*, au citoyen Ledru-Rollin, *membre du Gouvernement provisoire, Ministre de l'intérieur.*

Citoyen Ministre,

Dans votre allocution au Peuple, après la fête de la Fraternité, je remarque ces paroles :

« Ce qu'il faut à l'ouvrier, au travailleur, ce n'est pas une rétribution pour rester oisif ; ce qu'il faut à l'ouvrier, c'est l'emploi de ses bras ; ce qu'il faut au travail, c'est un commanditaire. »

« Il faut aussi des banques de crédit pour l'agriculture, cette mère nourricière si féconde. »

« Qu'on renonce aux palliatifs et aux demi-mesures ; vous avez le droit de demander à votre gouvernement de vastes mesures d'ensemble qui améliorent le sort du travailleur. »

Ce sont là de nobles paroles, citoyen Ministre ! Mais que sont les paroles sans les actes ?

Sous le gouvernement déchu, ses organes disaient aussi :

» Le principe d'autorité ne sera relevé de sa déchéance que lorsque l'autorité se sera hautement signalée à la reconnaissance des populations par les bienfaits qu'elles en auront reçus, et que chaque point du territoire aura été marqué par de grandes créations. »

» Le système monarchique est mis en demeure de montrer qu'il a puissance de donner aux *ouvriers* et aux *paysans*, ce que les institutions républicaines leur ont valu en une autre région. Jusques à ce que nous ayons vidé cette question, la forme du gouvernement sera constamment menacée. *(Débats,* avril 1839.)

» Dépouillé de ses anciens prestiges, le Pouvoir, pour être fort, a besoin d'être bienfaisant. De grandes institutions sociales, destinées à étendre le bien-être dans tous les rangs, appellent sa sollicitude : là est la nécessité la plus urgente. »

(Journal général de France, mai 1839.)

Le gouvernement monarchique s'est borné à des paroles : il est tombé.

Un gouvernement républicain est encore moins dispensé d'agir qu'un gouvernement monarchique. Des paroles ne suffisent pas : il faut des actes.

Si le gouvernement déchu m'eut écouté, il serait encore debout et pour toujours, peut-être.

Si, au lieu de semer l'alarme, de jeter la perturbation partout et de mécontenter tout le monde par des actes imprudents, pernicieux ou stériles, le Gouvernement provisoire eût posé les fondements d'institutions comme celles dont je vais parler, il aurait obtenu les sympathies générales, et chacun se serait dit ce que j'écrivais, le 5 mars, dans les *Petites-Affiches de la Gironde :* « Assurément si quelque chose devait nous rassurer sur l'avenir de la sainte cause du Peuple Français, ce seraient la conduite et les actes du Gouvernement provisoire qui détient aujourd'hui l'autorité souveraine ; car cette conduite et ces actes sont empreints à la fois d'une si haute capacité, d'un si grand dévouement à la cause populaire et d'un si profond sentiment de dignité, de moralité, de justice et d'humanité que nous serions tenté de rester toujours sous cette autorité provisoire, si ce provisoire pouvait toujours durer. » — Malheureusement ma quiétude n'a pas été de longue durée : à peine ces paroles étaint-elles écrites que je fus obligé de les rétracter, et que depuis j'ai dû me taire pour n'avoir pas la douleur de presque toujours désapprouver.

L'existence du Gouvernement républicain tient aux bienfaits dont il dotera le pays. On ne tient plus, aujourd'hui, aux hommes ni à la forme du gouvernement : On tient à ses intérêts personnels. L'intérêt des peuples est désormais le seul lien qui les attache aux gouvernans.

Dès 1837, j'ai communiqué à feu M. Martin (du Nord), alors ministre de l'agriculture, du commerce et des travaux publics, un PLAN D'AMÉLIORATIONS SOCIALES. Ce plan, imprimé en février 1839, sous ce titre : *Examen critique du siècle et plan d'améliorations sociales,* fut adressé au Roi, comme chef de l'Etat, et transmis par lui au ministre de l'intérieur Duchâtel. Il fut alors l'objet d'un conseil spécial à la Cour. Les *Débats* et le *Journal général de France* en ont parlé en février et en juin 1839, et il ne m'est guère permis de douter que ce ne soit ce travail qui ait provoqué chez ces journaux le langage ci-dessus rapporté, langage qu'ils n'ont eu qu'à puiser dans le travail même.

Le Gouvernement avait-il l'intention de réaliser mon plan ? J'ai des motifs sérieux pour le croire ; mais fatalement entraîné, et obéissant aveuglément à ces habitudes surannées et impuissantes de diplomatie, de corruption, de lutte de partis, qui absorbaient tout son temps, toute son énergie, toutes ses facultés et toutes ses ressources, il n'a rien fait de bien, de grand, de favorable aux masses : il est tombé !

Dans mon écrit je disais notamment :

« Jusqu'ici le gouvernement ne s'est occupé de l'amélioration des intérêts matériels et des masses qu'indirectement, d'une manière imparfaite et insuffisante et par des moyens particuliers isolés; aucune amélioration générale, profitable surtout au Peuple, n'a été essayée. »

. . . .

» Mais ce n'est pas non plus par des aumônes ou par de simples travaux passagers, mais bien par une mesure générale et de principe dont les effets soient continuels, qu'on peut satisfaire le Peuple et réaliser les améliorations que son état réclame;

» Car :

» Les travaux momentanés cessant, le besoin renaît, et d'ailleurs, dans l'état actuel les travaux sont loin d'assurer le bien-être du peuple, puisqu'ils ne procurent généralement que la vie au jour le jour et encore quelle vie !

» Et l'aumône ! c'est une infirmité sociale qu'il faut se hâter de faire disparaître, parce qu'elle dégrade l'humanité et témoigne perpétuellement de la corruption des hommes; l'aumône est contraire à la dignité et à liberté de l'homme, dont elle détruit l'indépendance; c'est un moyen d'orgueil et d'oppression, qui blesse et humilie celui à qui elle est jetée. »

. . . .

« Si l'esprit dominant doit être dirigé par les gouvernans; si la richesse générale et la satisfaction des besoins généraux doivent les préoccuper, *le bien-être du Peuple réclame impérieusement toute leur sollicitude; c'est là un devoir sacré auquel la plus légère infraction est un crime.* Celui qui possède peut, sans danger, subir des privations dans ses jouissances; mais chez le peuple, qui vit au jour le jour, la moindre privation attaque le nécessaire et compromet son existence. Le jour où le travail lui manque, le jour où la maladie vient l'affliger, par exemple, la misère, avec son cortège de douleurs, entre dans la famille et finit souvent par y introduire le crime et le déshonneur. »

Vous le voyez, citoyen Ministre, jusque-là nos idées et nos paroles sont d'accord, et j'en suis d'autant plus fier et plus heureux, que vous croyant sincèrement dévoué, comme je le suis moi-même, à la sainte cause du Peuple, à laquelle j'ai tout sacrifié depuis plus de dix ans que je combats pour elle, j'ai l'espoir de vous voir résolument entrer dans cette VOIE NOUVELLE D'AMÉLIORATIONS RÉELLES, qui, sans troubler la quiétude des classes supérieures, sans jeter la perturbation parmi tous les intérêts existants, sans irriter les classes les unes contre les autres, procure au peuple le bien-être, l'instruction et la moralité dont il a besoin, et développe chez tous les hommes les sentiments de justice et de fraternité qui doivent constamment présider à leurs rapports.

Mon plan d'améliorations sociales, se résume notamment dans les institutions suivantes :

1. BANQUE FONCIÈRE, ayant pour but de délivrer la propriété territoriale de la dette hypothécaire, cette lèpre hideuse qui la ronge,

et de lui substituer un système de crédit en harmonie avec les besoins et les ressources du sol, — système qui réalise, je crois, le dernier terme du progrès en fait de crédit, qui fait de la banque une véritable caisse d'épargnes, qui dote la société d'une *valeur nouvelle* sûre, circulante, d'un transport facile et d'une réalisation immédiate, réunissant tous les avantages du crédit public, du crédit commercial, des prêts hypothécaires, des billets de banque ordinaires et du numéraire, sans avoir aucun des inconvéniens attachés à chacun de ces modes.

2. BANQUE AGRICOLE ET INDUSTRIELLE, destinée à offrir des ressources aux agriculteurs, même non propriétaires, ainsi qu'aux commerçans et industriels, et à faciliter, de la manière la plus avantageuse, l'écoulement des produits du sol et de l'industrie.

3. ASSURANCES GÉNÉRALES TERRESTRES dont les résultats peuvent en partie se formuler ainsi : —revenus fonciers à peu près certains et réguliers.—Recouvrement facile et sans frais des impôts; plus de nonvaleurs; plus de sacrifices à titre de secours pour incendie, grêle, etc.; plus de recensement, meilleure assiette et augmentation du produit de l'impôt. — Revenu nouveau extrêmement considérable pour le trésor.

5. SOCIÉTÉ UNIVERSELLE ou *commanditaire*, ayant pour objet et pour but de développer, en les régularisant, l'esprit et le système d'association; de substituer ce mode à l'exploitation isolée; de fournir à l'industrie agricole et manufacturière toutes les ressources et tous les moyens d'action nécessaires, pour atteindre son plus haut degré de perfection et de prospérité; d'associer enfin le capitaliste et le travailleur, le maître et l'ouvrier, en les faisant tous participer aux bénéfices résultant de la réunion de leurs moyens respectifs.

5. Enfin, ÉDUCATION POPULAIRE, au moyen de bibliothèques, publiques et gratuites, dans toutes les communes de France, et d'un journal venant alimenter sans cesse ces bibliothèques, et familiarisant le peuple avec le maniement des affaires publiques.

Ces différentes institutions, qui embrassent toutes les branches de la richesse nationale, avec quelques autres d'un ordre secondaire, quoique fort importantes par leurs divers objets et par leurs résultats pour les particuliers, pour le Trésor et pour la Nation; ces institutions, réalisées avec capacité et sagesse, auraient, ce me semble, pour effet de procurer à la France la richesse et la puissance dont elle n'eut jamais un plus grand et plus pressant besoin; aux citoyens de toutes les classes : tranquillité, bien-être et moralité, et au Gouvernement qui les réaliserait : Confiance, amour, respect, dévouement, puissance, gloire et durée.

Si vous le pensez ainsi, citoyen Ministre, et que vous soyez disposé à entrer résolument dans cette voie, je suis prêt à vous donner tous les développemens nécessaires.

Salut et fraternité.   F. DUMONS (de la Gironde.)

N. B. Pas de réponse, pas même un simple accusé de réception... pourquoi? Chacun peut le comprendre. Nous le dirons plus tard; nous accumulons; à qui sait attendre tout arrive à point.

Des Recouvremens et Assurances par l'État.

Bordeaux, le 20 avril 1848.

AU CITOYEN MINISTRE DES FINANCES.

Citoyen Ministre,

J'ai différentes sommes à faire recouvrer dans diverses localités. Pas de moyens de recouvrement : les banquiers n'ont pas de correspondans dans ces localités, et les sommes à recevoir dans chaque endroit et de chaque individu sont d'ailleurs trop minimes pour qu'un banquier s'en chargeât. Il s'agit principalement de sommes dues pour abonnement ou annonces. Par suite, je perds quantité de ces sommes.

Ce qui m'arrive a lieu pour tous mes confrères les journalistes de France, pour tous les commerçans, pour presque tous les particuliers.

Or :

La poste va partout. Il suffirait donc d'augmenter son personnel pour qu'elle se chargeât des RECOUVREMENS, moyennant une commission modérée ; — et cela ne présente pas la moindre difficulté.

Les sommes à recouvrer étant considérables, le produit le serait aussi.

Le système de ASSURANCES se propage en France. C'est un bien. Mais la propagation est lente, parce qu'il y a méfiance de la part du public, souvent trompé par la spéculation qui sait revêtir tous les déguisemens et surtout de celui de la philanthropie, pour arriver à ses fins.

L'assurance, appliquée partiellement par des compagnies intéressées, comme elle l'est maintenant, est d'ailleurs, en quelque façon, une source d'abus et de difficultés sans nombre, une excitation permanente au crime d'incendie pour les assurés, une cause d'égoïsme et d'indifférence pour les non-assurés, et par conséquent un aliment à l'immoralité.

Tout cela disparaît si tous les objets assurables sont assurés par l'État ; car alors tous les citoyens devenant solidaires les uns des autres, ils se surveillent réciproquement, se doivent et se prêtent de mutuels secours et, par suite, les incendies volontaires disparaissant et les secours étant plus prompts et plus généraux, les sinistres deviennent infailliblement plus rares et moins désastreux.

L'expérience prouve, en effet, d'une manière certaine, qu'avant l'établissement des compagnies d'assurances, les incendies étaient aussi rares qu'ils sont maintenant fréquens ; et lorsqu'un pareil sinistre arrivait, tout le monde s'empressait de porter secours, parce qu'il s'agissait de sauver un citoyen malheureux, tandis qu'on répugne actuellement à s'exposer pour servir les intérêts de compagnies qui spéculent.

Or, si l'État se chargeait des assurances et que tous les objets fussent assurés :

La prime pourrait être si minime qu'elle serait insensible. Preuves : — Les compagnies qui prenaient autrefois 1 fr. pour 1,000 fr. de valeur assurée ont réduit les primes à 30 centimes. La compagnie immobilière de Paris ne perçoit que 3 à 4 centimes. L'état pourrait donc réduire la prime à 2 c. au plus par 1000 fr. de valeur assurée.

Et néanmoins le produit des assurances serait extrêmement considérable. — Preuves : la Compagnie d'assurances générales donne 135 p. 0/0 à ses actionnaires. La Compagnie immobilière donne des résultats peut-être plus beaux encore.

En outre, l'assurance terrestre n'est maintenant appliquée qu'à l'incendie, à la grêle et à la mortalité des bestiaux ; ces dernières branches sont exploitées d'une façon souvent déplorable par les abus, les difficultés et les résultats, faute d'une organisation convenable assez puissante ; et il est plusieurs autres cas fortuits que la spéculation n'ose pas aborder, qu'elle peut à peine entreprendre, et qui laissent pourtant les populations, et surtout les habitants de la campagne, exposées à des perturbations désastreuses, à des sinistres qui ravagent annuellement des contrées entières, sèment la ruine et la désolation dans un grand nombre de familles et coûtent au trésor des sacrifices considérables.

Une *assurance générale terrestre* mettrait les populations à l'abri de ces calamités, délivrerait l'Etat de ces sacrifices, et lui procurerait au contraire d'importants revenus (1).

Enfin, les assurances sur la vie qui reposent sur de bons et nobles sentimens qu'on ne saurait trop encourager : ordre, économie, prévoyance, fraternité, seront lentes à se propager tant qu'elles seront livrées à l'exploitation individuelle, laquelle n'offre évidemment pas aux assurés-associés les garanties et les avantages qu'ils trouveraient dans la gestion de ces assurances par l'Etat.

Si l'État se chargeait de cette branche d'assurances, elle se populariserait bien vite, à l'avantage des masses, et l'État y trouverait des revenus considérables.

En résumé, un Gouvernement intelligent, philanthrope, sincèrement animé de l'amour du bien public et d'un véritable esprit d'égalité et de *fraternité*, qui se chargerait, dans l'intérêt des masses, de ces diverses branches de services publics : — *recouvremens*, — *Assurances générales terrestres*, mobilières et immobilières, c'est-à-dire contre l'incendie, la grêle, la gelée, les inondations et tous autres cas fortuits, — et *assurances sur la vie ;* — ce Gouvernement créerait au trésor une source de revenus, de plus en plus féconde et inépuisable, qui permettrait bientôt de supprimer une foule d'impôts, ceux surtout qui pèsent le plus sur le peuple, et qui

---

(1) La somme totale des sinistres comparée au chiffre total des revenus est très-minime ; les sinistres ne sont funestes et ruineux que parce qu'ils atteignent tantôt les uns, tantôt les autres : répartis fraternellement sur tous, ils deviennent insensibles pour chacun, et chacun obtient ainsi, dans ses revenus, une sécurité et une régularité précieuses.

— 16 —

s'opposent à la vie à bon marché pour tout le monde ; il rendrait au pays un service signalé qui ferait à jamais bénir sa mémoire.

Le revenu que le trésor obtient comme *prix d'un service rendu*, pourvu que ce prix soit équitablement fixé, ne blesse aucun intérêt et ne contrarie personne, étant payé par celui qui profite du service; tandis que l'impôt dont on peut, à tort ou à raison, contester la légitimité, soit parce que l'utilité n'en est pas assez facilement appréciable, soit parce qu'il n'est pas toujours équitablement profitable à celui qui le paie, et qu'il lui est au contraire, souvent onéreux, soit enfin parce qu'il se perçoit sous une forme et d'une manière fâcheuses, comme la plus part des impôts existans; cet impôt n'est acquitté qu'à regret, avec un déplaisir extrême et en maudissant le pouvoir qui l'exige et jusqu'à l'agent qui le perçoit.

Enfin, la réalisation du projet ci-dessus exposé permettrait d'occuper utilement un grand nombre de personnes, notamment les octroyens, douaniers et autres employés de services publics qui pourraient être supprimés.

Je désire, citoyen Ministre, que ces idées, que j'ai soumises sous diverses formes et à plusieurs reprises, depuis 1837, au Pouvoir déchu, soient jugées par vous dignes d'être prises en considération, sérieusement examinées, et surtout réalisées.

Salut et fraternité.

F. Dumons (de la Gironde),
Directeur des *Petites-Affiches de la Gironde*, à Bordeaux.

P. S. Je vous prie, citoyen Ministre, de m'accuser réception de la présente communication, ainsi que de plusieurs autres que j'ai déjà eu l'avantage de vous adresser, notamment les 2 mars et 15 avril. La forme républicaine n'exclut pas la politesse, et c'est le seul moyen que j'aie de m'assurer que ces envois vous parviennent fidèlement.

N. B. Pas de réponse, pas même un simple accusé de réception... pourquoi? Chacun peut le comprendre. Nous le dirons plus tard; nous accumulons ; à qui sait attendre tout arrive à point.

www.ingramcontent.com/pod-product-compliance
Lightning Source LLC
Chambersburg PA
CBHW061613040426
42450CB00010B/2472